AF338933

DU
SYSTÈME REPRÉSENTATIF

APPLIQUÉ

AUX COLONIES FRANÇAISES,

PAR B. J. LEGAT,

AVOCAT A LA COUR ROYALE DE PARIS.

Paris.

CHEZ LES MARCHANDS DE NOUVEAUTÉS.

NOVEMBRE 1831.

IMPRIMERIE DE DUCESSOIS,

Quai des Augustins, 55.

Du

SYSTÈME REPRÉSENTATIF

APPLIQUÉ

AUX COLONIES FRANÇAISES.

C'EST une maxime du Gouvernement représen-
tatif, qu'aucun impôt ne peut être établi sans le
vote préalable des mandataires du pays. Appliquant
cet axiôme de droit public aux Français des colonies, il faut reconnaître également qu'aucune im-
position ne peut *constitutionnellement* être exigée
d'eux, surtout depuis la Charte de 1830, sans leur
participation immédiate à la confection des lois qui
doivent les régir.

Au mois d'avril dernier, j'ai réclamé, pour nos
colonies, les avantages de la représentation nationale, dans une brochure que j'ai publiée sous le
titre *des Droits politiques des colons et des hommes
de couleur*. Quelques feuilles publiques en ont en-
tretenu leurs lecteurs, et ont partagé mon opinion.

4

La discussion qui s'est élevée dans le sein de la chambre des députés, à l'occasion de la pétition que j'avais adressée à ce sujét, a consacré le droit des colonies.

Les orateurs (1) qui ont porté la parole sur cette importante question, dans la séance du 15 octobre dernier, n'ont eu de dissentiment que sur le mode à adopter pour faire participer les habitans des colonies aux avantages de la représentation nationale; et si ma pétition ne fut point renvoyée à M. le ministre de la marine, ni à M. le président du conseil, ce ne fut, d'après M. le rapporteur lui-même, que parce que je n'avais point indiqué les moyens d'exécution.

Avant de faire connaître ces moyens, il fallait que je fusse assuré que le principe que je voulais faire prévaloir, serait reconnu dans la chambre (2) ; car, dans la négative, à quoi eût servi le développement des voies d'exécution ? Au contraire, lorsqu'une vérité a commencé à se faire jour, on est plus disposé à en accueillir les conséquences. C'est donc ce

(1) MM. Roger, Boyer-Peireleau, Salverte, Dariste, et autres.
(2) Au moment de livrer à l'impression cette brochure, communiquée à M. le directeur des colonies, depuis le 22 octobre dernier, j'apprends que M. l'amiral de Rigny vient d'annoncer à la chambre des députés qu'*une loi organique lui serait soumise, qui détermi-nerait le mode d'intervention, dans la législation coloniale, des institutions représentatives à créer aux colonies.*

qui me détermine à publier aujourd'hui le plan d'exécution que j'ai conçu depuis long-temps.

Les colonies jouiront-elles d'une représentation locale, ou d'une représentation dans le sein de la chambre des députés ?

J'avoue que la première opinion n'est point sans partisans ; elle en a trouvé dans la chambre des députés (1) ; elle a été également soutenue avec talent, dans une brochure sur les Antilles françaises, publiée, depuis quelques semaines, par M. de La Charrière, délégué de la Guadeloupe.

Mais ne s'est-on pas aperçu que ce mode de représentation exclusive reproduit, *sous un autre rapport*, le principal inconvénient, celui tiré de l'éloignement, qui a été reproché à l'autre mode de représentation, et qu'il offre, en outre, des difficultés insurmontables, soit *en droit*, soit *en fait ?*

Et, d'abord, la Charte de 1830 étend son empire sur nos colonies comme sur la métropole ; elle forme l'acte constitutionnel de *tous les Français*, puisque

(1) On serait disposé à croire que le gouvernement penche pour ce mode de représentation, si l'on s'attachait au sens précis de ces derniers mots de la note précédente : *institutions représentatives* A CRÉER AUX COLONIES. Toutefois, cela ne suffit pas pour autoriser à conclure que ce mode serait *exclusif*. Un tel projet, s'il existait, ne saurait être adopté définitivement par le ministère ; et les chambres le modifieraient sans doute.

ceux des colonies, domiciliés en France, y jouissent des droits d'élection et d'éligibilité, de même que les regnicoles.

La Charte s'est d'ailleurs occupée des colonies dans l'article 64, qui porte que « les colonies sont régies » par des lois particulières. »

On ne peut donc réclamer pour elles, une *constitution*, puisque la Charte est la leur (1); mais bien des *lois particulières*, c'est-à-dire, dont l'application soit spéciale à cette portion du territoire français. Or, ces lois doivent avoir la même origine que celles qui régissent la France continentale. En effet, l'article 14 de la Charte actuelle est ainsi conçu :

« La puissance *législative* s'exerce *collectivement* » par le Roi, *la chambre des pairs*, et la chambre » des députés. »

Il faudrait donc (sans parler, quant à présent de la *sanction royale*, que l'on regarde comme indispensable, même en cas de représentation locale) avoir recours *à la chambre des pairs*; autrement, les *résolutions* des députés coloniaux n'auraient point le caractère des *lois*.

Il y a plus : des délais considérables seraient nécessités, et par l'envoi de la proposition du roi dans

______

(1) Ne sait-on pas que la Cour royale de Bourbon a transcrit, sur ses registres, la Charte de 1814 ?

les colonies, et par le retour en France de la proposition examinée par les députés d'outre-mer, et enfin, par le renvoi de la sanction royale, en la supposant toujours accordée. Ces délais seraient plus longs que ceux qu'entraîneraient l'accomplissement des formalités électorales et l'arrivée en France des députés coloniaux admis à siéger dans la chambre des députés de la métropole; et, dans ce dernier cas, je démontrerai bientôt qu'il est facile de remédier à cet inconvénient.

Et quels seraient, en outre, les dangers d'une représentation locale ? Serait-il possible de délibérer *publiquement*, dans un pays où les passions peuvent être aussi facilement mises en mouvement ?

M. de La Charrière, qui ne nie point les périls que présente un semblable mode de représentation, s'efforce de les atténuer, en demandant que les séances soient secrètes; mais n'y a-t-il pas aussi un très-grave inconvénient à éviter la publicité en pareille matière ? Ceux qui devront obéir *définitivement* aux résolutions d'une représentation locale, seront-ils toujours convaincus de l'indépendance de leurs délégués, et ne douteront-ils jamais que les lois aient été discutées avec toute la maturité désirable ? Chaque colonie aurait alors une législation particulière, qui serait souvent en opposition avec les lois de la métropole, relativement aux douanes, au commerce extérieur, etc., etc. Un tel état de choses amènerait bientôt une collision entre les colonies et la mère-patrie.

Au contraire, si les députés coloniaux de la classe des *blancs* et de celle des *hommes de couleur*, et dans une juste proportion, sont admis dans le corps législatif de la métropole, ces inconvéniens disparaîtront.

Je m'explique, d'abord, sur la plus forte objection, sur l'éloignement.

Cet inconvénient peut n'avoir lieu qu'une fois, et lors de la première législature seulement : je développe ma pensée.

D'après la législation actuelle, tout député promu à une fonction salariée, ou à un grade supérieur, est soumis à la réélection. L'on suppose qu'il peut avoir perdu la confiance des électeurs, dont il avait réuni les suffrages ; et il est obligé d'obtenir sa confirmation de la part de ses commettans. Sa réélection a lieu presque toujours ; mais le contraire n'est pas sans exemple. Cependant, le député *en suspicion* continue, jusqu'au jour fixé pour la réunion du collége électoral, convoqué pour la nomination d'un nouveau député, à siéger *provisoirement* ; et il participe à la confection des lois, quoiqu'il puisse arriver qu'il ne soit pas confirmé dans sa nomination première.

Pourquoi n'en serait-il pas de même pour les colonies, en cas de dissolution de la chambre des députés ?

L'exception peut certainement être étendue d'un cas à un autre, et avec plus de raison pour les colonies.

En effet, le député est le *représentant des électeurs;* et c'est leur confiance qu'il doit obtenir principalement. Or, il n'a point perdu cette confiance par suite de la dissolution : c'est le roi seul, qui veut, dans l'exercice de sa prérogative, en appeler à une nouvelle expression de l'opinion du pays. Rien n'indique que les députés coloniaux ne seront point réélus par leurs commettans. Le peu de concurrens qui existera autorise même à penser que ces députés seront souvent confirmés ; mais, quand il n'en serait pas ainsi, y a-t-il plus d'inconvéniens à ce qu'ils continuent à siéger *provisoirement* jusqu'à l'arrivée de leurs successeurs, qu'il n'y en a dans le maintien de députés promus à quelques fonctions par le roi ? Assurément, ils sont plus grands dans ce dernier cas, puisque les électeurs ont pu être représentés *temporairement* par un homme qui n'avait plus leur confiance.

On ne doit point, en outre, perdre de vue que la dissolution de la chambre des députés sera plus rarement prononcée, lorsque la France se trouvera dans des temps plus calmes, et que les passions seront assoupies. La mesure provisoire que je propose sera donc moins souvent mise à exécution dans quelques années.

Je conçois bien qu'il y aurait plus de difficulté, si nous étions régis aujourd'hui par l'article 37 de la Charte de 1814, conçu en ces termes :

« Les députés seront élus pour cinq ans, et de » manière que la chambre soit *renouvelée chaque* » *année par cinquième.* »

Dans le cas où les colonies se seraient trouvées faire partie des premières séries, il est vrai que l'époque de la réélection aurait pu arriver avant le débarquement des députés les plus éloignés, qui déjà devraient être remplacés ; mais il n'en est plus de même actuellement, puisque, d'après l'article 31 de la Charte de 1830, les députés sont élus pour cinq ans consécutifs.

Toutes nos colonies ne sont pas également éloignées, et les députés des Antilles arriveront peu après la constitution de la chambre, et presque à l'ouverture des travaux de la session. La présentation des lois coloniales n'aura jamais lieu dès le commencement de la session ; et leur discussion pourrait, d'ailleurs, être un peu différée.

Au surplus, un décret du 22 août 1792 avait autorisé les colonies à nommer des députés suppléans ; et je ne vois pas pourquoi, puisqu'elles *sont régies par des lois particulières*, elle ne jouiraient pas aujourd'hui de la même faveur. Les députés suppléans seraient choisis parmi les habitans de la métropole, et ils siégeraient pendant l'absence des députés titulaires. Il existe, en France, un assez grand nombre de créoles qui réunissent les lumières nécessaires pour soutenir, au besoin, la discussion des lois coloniales ; et ils s'empresseraient, j'en suis certain, d'accepter et de solliciter même des fonctions provisoires, toujours honorables. Ces suppléans siégeraient également, en cas de congés donnés par la chambre aux titulaires, qui pourraient, dès-lors, dans l'intervalle des cinq années de législature, s'occuper de leurs affaires particulières.

Sans rétribuer les députés coloniaux, on leur accorderait leur passage gratuit sur les vaisseaux de l'Etat, ou autres ; et on leur fournirait, dans des bâtimens publics de Paris, un logement convenable.

Il ne faut donc pas voir l'impossibilité d'exécution, là où il y a déjà eu exécution (1). Il serait

(1) Voir le décret du 22 août 1792, notamment, et les autres dé-

contraire à la raison de ne point rendre justice à des citoyens , parce qu'ils ne pourraient (sans quelque interruption ; facile , néanmoins , à prévenir), profiter du droit de représentation nationale. Ce serait refuser le tout par le seul motif que ce que l'on accorderait ne profiterait qu'en partie. Ce motif est vraiment dérisoire. L'éloignement de la Corse , qui nécessite des délais plus longs qu'en France , en cas de réélection , ne l'a point pour cela privée du droit de représentation.

Je ne dois point passer sous silence une observation que j'ai faite au sujet de la représentation locale. J'admettrais cette représentation , non point comme chambre des députés , mais comme *assemblée coloniale* composée de colons blancs et d'hommes de couleur, *librement élus* , au nombre d'une cinquantaine chacune, ayant le pouvoir de prescrire toutes les mesures locales qui seraient nécessaires , et de voter *provisoirement* l'impôt. Les premiers élémens de ces assemblées existent même déjà ; le gouvernement a eu l'honneur de l'initiative (1), et en les perfectionnant et en les développant, on attein-

crets cités dans ma brochure sur les *Droits politiques des colons et des hommes de couleur.*

(1) Ordonnances du 21 août 1825 , et du 9 février 1827. On peut adopter quelques dispositions du décret du 15 juin—10 juillet 1791.

drait un but désirable. Je conçois alors que les séances pourraient dans les premiers temps, n'être point publiques ; mais il faudrait que les résolutions de ces assemblées, après avoir obtenu la sanction des gouverneurs, pour leur exécution *provisoire*, fussent ensuite soumises à l'approbation des trois pouvoirs de la métropole.

De cette manière, tous les intérêts seraient conciliés ; et il pourrait être pourvu à tout ce que l'urgence exigerait.

Les gouverneurs feraient, en personne, l'ouverture et la clôture des sessions. A eux seuls appartiendrait l'initiative des propositions ; ils auraient le droit de dissoudre les assemblées ; mais ils ne pourraient jamais assister aux séances, pour ne point gêner la liberté des opinions.

Les fonctions de commissaires du roi auprès de ces assemblées, seraient remplies par les ordonnateurs généraux, les directeurs de l'intérieur, les procureurs-généraux et les contrôleurs coloniaux. Ces magistrats seraient chargés de soutenir les discussions, sans avoir jamais voix délibérative. Les présidens de ces assemblées seraient choisis par les gouverneurs.

Par mesure de prudence, on pourrait n'ordonner que tous les cinq ans le renouvellement des assemblées coloniales; et même, *transitoirement*, il conviendrait peut-être de leur accorder le droit de nommer les membres de la députation auprès de la métropole, lesquels pourraient être pris dans le sein, ou hors le sein de l'assemblée; et, dans le premier cas, il y aurait lieu à leur remplacement dans cette assemblée. Les gouverneurs seuls ne seraient point éligibles. Ils peuvent d'ailleurs être appelés à la pairie. C'est une récompense que leur fera toujours obtenir une administration éclairée, ferme et sage.

Dans tous les cas, il est indispensable que les habitans des colonies participent, dans la législature métropolitaine, à la rédaction des lois dont l'exécution doit avoir lieu, tant en France que dans ses possessions d'outre-mer.

Je termine par une considération d'ordre public, et en invoquant la raison d'état : c'est que l'on doit bien se persuader que les habitans des colonies, soit blancs, soit de couleur, sont Français comme ceux de la métropole ; que pour cimenter l'union des enfans d'une même patrie, il faut les faire tous jouir, autant que possible, des mêmes avantages, et qu'une part dans la représentation nationale rendra l'alliance durable, tandis qu'une représentation locale, qui serait exclusive, apprendrait aux colons qu'ils peuvent se régir eux-mêmes, et ferait cesser peut-être l'harmonie qui doit exister entr'eux et la mère-patrie.

Toutes mes observations sont le résultat d'une conviction profonde. J'ai toujours été persuadé qu'il était du devoir d'un bon citoyen, et surtout d'un légiste, de communiquer ses pensées lorsqu'elles pouvaient être utiles à sa patrie. Je désire que celles-ci soient accueillies et mûries avec le même zèle pour le bien public, que celui qui me les a suggérées.